MAURICE TOURNEUX

AUGUSTE POULET-MALASSIS

NOTES ET SOUVENIRS INTIMES

PARIS

AUX BUREAUX DE *L'ARTISTE*

44, QUAI DES ORFÈVRES, 44

1893

J. Courboin d'après A. Legros

A. Poulet-Malassis —

MAURICE TOURNEUX

AUGUSTE POULET-MALASSIS

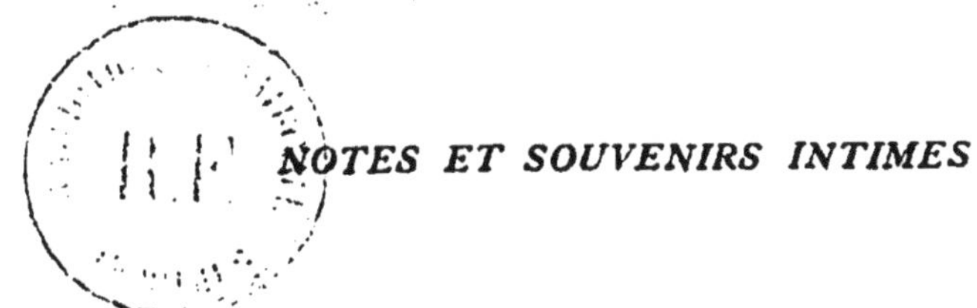

NOTES ET SOUVENIRS INTIMES

PARIS

AUX BUREAUX DE L'ARTISTE

44, QUAI DES ORFÈVRES, 44

1893

AUGUSTE POULET-MALASSIS

NOTES ET SOUVENIRS INTIMES

E n'ai ni l'intention ni le loisir d'offrir au lecteur une biographie complète de Malassis. Malgré la brève, mais exacte notice placée par Burty en tête du catalogue de la vente posthume de notre ami, malgré les pages chaleureuses, brillantes et justes, que lui a consacrées ici même M. de Chennevières, malgré une étude sommairement informée de M. de Contades (1), malgré les deux plaquettes bibliographiques, depuis longtemps épuisées, où il a rassemblé sur l'éditeur et sur l'écrivain nombre d'indications utiles (2), cette biographie reste encore à écrire. Pour mener à bien une pareille tâche il faudrait rassembler à nouveau les correspondances très soigneusement classées par lui, que sa mort a dispersées; il faudrait aussi dépouiller les journaux du temps, qui ont parlé de ses livres ; il faudrait enfin recueillir le

(1) Publiée d'abord dans *le Livre* et réimprimée dans les *Portraits et fantaisies* de l'auteur (Maison Quantin, 1887, in-8º).

(2) *Auguste Poulet-Malassis, bibliographie descriptive et anecdotique des ouvrages écrits ou publiés par lui, par* (sic) *un bibliophile ornais* (Paris, Rouquette, 1883, in-8º, tiré à cent exempl. numérotés). — *Collection Poulet-Malassis, bibliographie raisonnée et anecdotique des livres édités par Auguste Poulet-Malassis, 1853-1862* (Paris, Rouquette, 1885, in-8º, tiré à cent exempl. numérotés).

témoignage des derniers survivants d'entre ceux dont il a publié les
œuvres : la petite phalange diminue tous les jours et ils se font rares,
ceux qui pourraient parler *de visu* de l'entresol de la rue des Beaux-
Arts ou de la fameuse boutique du passage des Princes ! Si je n'ai
point pratiqué Malassis au temps des *Odes funambulesques* et des
Fleurs du mal, je l'ai beaucoup connu dans la dernière période de
sa vie. A une correspondance assidue avait succédé à Paris, après la
chute de l'Empire, une fréquentation quasi quotidienne et j'ai pu
ainsi apprécier tout ce qui se cachait de bienveillance effective et de
loyale amitié sous ce masque railleur et sous ce rire sarcastique dont
l'écho sonne encore dans la mémoire de ses derniers amis. Ma curiosité, qu'égalait seule sa patience, ne s'est jamais lassée de l'interroger
sur les menus détails bibliographiques de ses publications et sur les
écrivains ou les artistes qui y avaient collaboré. Enfin je l'ai pu voir
durant ces semaines, toujours trop courtes à son gré, où il retournait
humer l'air natal et reprendre au contact des vestiges de son passé
un peu de l'énergie nécessaire à cette perpétuelle lutte pour l'existence,
que termina une lente agonie supportée avec le même courage. Les
pages qui vont suivre n'ont donc pas d'autre but que de fixer ces
souvenirs et de compléter sur quelques points les dires de mes
prédécesseurs.

I

Paul-Emmanuel-Auguste Poulet-Malassis a été le dernier repré-
sentant d'une famille d'imprimeurs dont, trois siècles durant, on
retrouve la trace à Alençon, à Brest, à Évreux, à Rouen, à Nantes,
dans tout l'Ouest. Son grand-père, Jean-Zacharie Malassis, avait eu
le périlleux honneur d'imprimer l'*Histoire secrète de la cour de
Berlin* de Mirabeau (1789), et le séjour du futur tribun dans la maison
de la place d'Armes, où il vint corriger les épreuves de son livre,
était resté mémorable autant par la belle humeur de l'hôte que par
son formidable appétit. Après un siècle et plus, Mirabeau n'a point
encore trouvé d'éditeur à la hauteur de sa tâche et le départ n'a
pas encore été fait entre les écrits politiques réellement sortis de sa
plume et ceux dont il achetait ou vendait la paternité, ni entre les
productions sotadiques qu'on peut légitimement lui attribuer et celles

dont des spéculateurs effrontés furent seuls coupables. Toutefois il est acquis dès à présent qu'il ne fut pour rien dans *le Rideau levé ou l'Éducation de Laure* (1786, 2 vol. in-12), aujourd'hui restitué à un gentilhomme des environs d'Alençon, le marquis de Sentilly, qui avait trouvé dans Jean-Zacharie Malassis un complice discret. Ce ne serait pas, dit-on, le seul péché de ce genre que l'imprimeur aurait eu à se reprocher, mais, en l'absence de toute certitude à cet égard, mieux vaut porter à son actif cette édition des *Fables* de La Fontaine, ornée de bois gravés par Godart (an IX, 2 vol. in-8°), l'une des premières et des plus honorables tentatives de la typographie provinciale au lendemain de la Révolution. Risquer son repos pour mettre au jour un pamphlet politique, narguer la loi en imprimant une fantaisie érotique, donner à un beau livre une parure digne de lui, c'est, en peu de mots, l'histoire du grand'père et celle du petit-fils ; et cette triple analogie, qu'on n'a pas encore remarquée, je crois, valait bien cependant la peine d'être signalée.

C'est encore en vertu des lois de l'atavisme, — si tant est que cette branche encore mal connue de l'anthropologie ait des lois, — que le père de Malassis, honnête imprimeur d'arrêtés préfectoraux et d'annonces judiciaires ou légales, ne fit jamais parler de lui et qu'il fut un simple trait d'union entre le typographe de l'*Histoire secrète de la cour de Berlin* et celui des *Fleurs du mal*.

Né le 16 mai 1825, Auguste Poulet-Malassis fit ses études au collège d'Alençon, où il disputa souvent les premières places à S. Clogenson, fils de l'éditeur de Voltaire. De très bonne heure, il s'initiait au métier paternel en levant la lettre pour la composition soit du *Journal d'Alençon*, soit de quelques opuscules dont une de ses lettres me fournit l'indication : un *Sermon* de Jean Scot Érigène, tiré à cinq ou six exemplaires, réimprimé d'après le rapport de M. F. Ravaisson sur les bibliothèques de l'Ouest (l'original manuscrit appartient à la bibliothèque d'Alençon) ; une lettre de Saint-Simon, le réformateur, extraite du *Censeur* de Comte et Dunoyer (in-12, 10 ou 12 ex.), enfin un tirage à une centaine d'exemplaires de la dernière partie du livre de Javary sur *la Certitude*, imprimée pour quelques amis avant l'achèvement de l'ouvrage complet. « Ces trois impressions, m'écrivait Malassis, sont entièrement composées, imposées et corrigées par moi, enfin ce sont des travaux d'apprentissage. »

Ces labeurs typographiques, où se dévoilent déjà les préoccupations d'un esprit singulièrement éveillé, marchaient de pair avec une foule de projets qui, pour la plupart, ne reçurent même pas un commencement d'exécution, tels qu'une *Revue littéraire de l'Ouest*, dont M. Léon de La Sicotière possède le rarissime prospectus, une *Histoire du sentiment chez tous les peuples,* une monographie de l'imprimerie à Alençon (1), etc. M. de La Sicotière, alors avocat au barreau de la même ville et déjà connu par une foule de travaux d'histoire locale, mit à profit cette activité un peu incertaine sur la route à suivre, en associant son jeune ami à la publication de l'*Orne archéologique et pittoresque* (Laigle, Beuzelin, 1845-1851, in-folio). Malassis y rédigea pour sa part l'*Introduction (les Galls et les monuments druidiques)* ainsi que les notices de la Roche-Mabile, de Chaumont, de Montgaroult, d'Écouché, de Lonray, de Colombier, d'Héloup, de Mieuxcé, de Saint-Denis-sur-Sarthon, de Ferrières, de Briouze, dont les noms évoquaient plus tard pour lui le souvenir de longues courses où le chasseur et le botaniste (il était l'un et l'autre) trouvaient leur compte plus encore que l'archéologue, et que couronnaient de franches lippées chez les aubergistes, ou parfois même de plus gaillardes aventures.

Quand s'acheva en 1851 la publication de l'*Orne archéologique et pittoresque*, Malassis suivait depuis 1847 les cours de l'école des chartes. Il débarquait à peine à Paris qu'en traversant la place du Carrousel, alors encombrée de bouquinistes et de marchands d'estampes, il achetait pour trois francs, si je ne me trompe, une tête d'étude à la sanguine par Greuze, qu'il conserva longtemps. Les quais lui réservaient d'autres trouvailles et c'est de ce temps aussi que datait une fort jolie collection d'éditions originales des classiques dont, bien avant l'heure des engouements que nous avons vu naître et s'éteindre, il avait pressenti l'intérêt. A ces perles ramassées dans la boue il fallait un écrin digne de les enchâsser, et le bouquin échappé aux mains ignares passait de la boîte à cinq sols chez les plus habiles tailleurs pour livres du temps, Bauzonnet, Capé, Lortic qui débutait à peine ; au sortir de leurs officines, chacun portait,

---

(1) De ces recherches il ne subsiste qu'une note sur la *Première édition des poésies de Marguerite de Navarre*, insérée dans la 2º année (1861) de l'*Annuaire du bibliophile*, publié par Louis Lacour.

frappée en or au verso de son plat en maroquin, une marque ainsi figurée :

Le triangle égalitaire encadrant la devise d'un délicat, tout Malassis est dans cet emblème. Cette première bibliothèque fut sacrifiée, de 1860 à 1868, aux cruelles exigences de la déveine et dispersée entre les mains de Techener, de M. Chédeau (de Saumur) et de M. Piquet, conseiller à la cour de Caen. Malassis n'en avait guère conservé que les *Fables* de La Fontaine, éditées en l'an IX par Malassis le jeune, et les *Épistres morales* du sieur de Luzy, imprimées à Rouen en 1604 par un de ses ancêtres.

Ce n'était pas seulement sur le plat de ses livres que Malassis affirmait à la fois ses goûts de raffiné et sa foi républicaine. Certains chapeaux gris dont le poil se moirait au souffle de la brise firent sensation en leur temps au quartier latin, et Malassis se rappelait en souriant avoir, je ne sais plus à quel dîner, excité par la recherche de sa tenue la jalousie de M. Louis Enault, très soucieux alors de ces succès de salon. Ces preuves de dandysme n'empêchaient pas du tout Malassis de fonder en juin 1848, avec Alfred Delvau, *l'Aimable Faubourien, journal de la canaille,* et bientôt après de faire le coup de feu contre les mobiles. Arrêté les armes à la main derrière une barricade d'où il fut dirigé sur le fort d'Ivry, il dut son salut au dévouement du peintre verrier Oudinot qui obtint son transfert sur un ponton à Brest, et il ne recouvra sa liberté que le 28 décembre 1848, grâce aux démarches de M. Druet des Vaux, député de l'Orne.

Réintégré sur les contrôles de l'école des chartes, il n'y resta pas longtemps (1). Aussi bien sa santé compromise et la carte à payer de

(1) Voici, d'après les registres même de l'école que M. Alfred Morel-Fatio a bien voulu dépouiller pour moi, les traces que le passage de Malassis y a laissées : inscrit pour l'année 1847-1848, il fut classé le quatrième sur dix-sept à l'examen de novembre 1848 et admis, avec dispense d'âge, sur la liste de 1849-1850. Classé le dixième sur treize à l'examen de la première année et le douzième sur quatorze à celui de la seconde, il ne figura plus, après juillet 1851, sur les contrôles de l'école et n'acheva pas par conséquent la période réglementaire de trois ans de présence.

ses fredaines exigeaient un rapatriement qui lui fut doublement
salutaire. Tout en partageant avec son père, puis en prenant peu à
peu lui seul la direction du *Journal d'Alençon*, il demandait aux
Lettres ce qu'elles ne refusent jamais à ceux qui les aiment. Le coup
d'État de décembre, en bâillonnant la presse politique, et l'amende-
ment Riancey qui frappait d'un droit fiscal le roman-feuilleton, forcè-
rent les journaux épargnés à faire à la critique et à l'histoire littéraire
une part qu'ils leur avaient jusqu'alors parcimonieusement mesurée.
La première version (très retouchée depuis) des *Contes* d'Edgar Poë
paraissait en « variétés » dans *le Pays*, grâce à l'amitié d'Auguste
Vitu pour leur traducteur, Charles Baudelaire ; Asselineau, Champfleury, Monselet voyaient accueillir par des directeurs que la loi
rendait bon gré mal gré bienveillants à leurs tentatives, celui-ci ses
études sur les poètes hétéroclites du XVIIe siècle (Marc de Maillé,
Neufgermain, Colletet), celui-là ses amusantes monographies des
excentriques que l'on coudoyait alors, cet autre enfin, ses portraits
des oubliés et dédaignés du dernier siècle ; mais toutes ces friandises
de raffinés ne pénétraient guère alors dans la somnolente province.
Grâce à Malassis, les vénérables abonnés du *Journal d'Alençon* se
virent invités à des régals fort inattendus : tantôt c'était un
extrait fait par Asselineau du manuscrit de Colletet, encore,
hélas ! à cette date intact à la bibliothèque du Louvre, tantôt
quelque conte de Poë commenté par Malassis en termes dont le traducteur, presque aussi malmené que l'auteur, avait le bon goût de ne
pas s'irriter plus que de raison (1). La justification typographique des
colonnes permettait sans grand débours un tirage à part. Pour
d'autres Malassis n'hésitait pas à faire les frais d'une composition
nouvelle. La série de ces impressions alençonnaises se clôt sur une
réédition clandestine et subreptice du *H. B.* de Mérimée qui manque
à la liste dressée par M. de Contades. Un beau dimanche d'hiver, le
10 novembre 1856, Malassis, enfermé dans l'atelier de la place

(1) Eugène Crépet a réimprimé dans son travail sur les *Œuvres inédites de
Baudelaire* (Maison Quantin, 1887, gr. in-8°, p. 135-136) une partie de cet
article paru dans le *Journal d'Alençon* du 9 janvier 1853, ainsi que la réponse de
Baudelaire. La liaison du poète et de l'éditeur datait, je crois, de leur commune
fréquentation de l'école des chartes, mais elle n'était pas alors aussi intime
qu'elle le devint plus tard.

d'Armes, loin de tout regard indiscret, composa à la casse, tira sur vergé et plia lui-même dans le format in-16 carré, trente-six exemplaires de cette rareté dont une copie lui avait été communiquée. A quelques jours de là (25 novembre) M. de Broise, son beau-frère, lui transmettait le brevet d'imprimeur dont il était titulaire, et un autre brevet leur permit d'entrer en lice avec les libraires éditeurs parisiens.

La création du format « in-18 anglais » imaginé par Charpentier vers 1840 fut, on le sait, l'origine d'une véritable révolution dans les us et coutumes de la librairie française. Les majestueux in-8° de Renduel et de Dumont, les files encombrantes de volumes mal margés et mal imprimés sur mauvais papier, par lesquels Balzac, Dumas, Eugène Sue, Frédéric Soulié, George Sand même furent révélés à toute une génération, avaient leur raison d'être au temps où le cabinet de lecture était la bibliothèque de tous, car bien peu, même les plus fervents, risquaient 7 fr. 50 pour relire chez eux, dans *leur* exemplaire, un auteur favori. Cinq cents exemplaires, lentement épuisés, constituaient les plus gros tirages de la plupart des écrivains en vogue. Charpentier, en offrant au public des volumes in-18 d'une typographie compacte, mais nette, sur un papier relativement résistant et vendus au prix moyen de trois francs, porta un coup mortel à l'industrie des cabinets de lecture et provoqua l'émulation de Delloye, de G. Barba, de Lecou, d'Eugène Didier, de Giraud et Dagneau qui, moins heureux que leur initiateur, n'y trouvèrent pas, tant s'en faut, le profit et l'honneur. L'impulsion une fois donnée, il était inévitable qu'on ne s'en tînt pas là. Pierre Jannet, qui ne songeait pas encore à la *Bibliothèque elzévirienne*, Jacottet et Bourdilliat, Michel Lévy enfin créèrent presque simultanément ces collections d'in-18 à un franc, qui passèrent pour le dernier mot du bon marché, sinon de l'élégance, jusqu'au jour récent où surgirent d'autres collections analogues à 50 et 60 centimes.

La grande audace de Malassis ne fut pas seulement d'établir, à des prix dont la modicité fait aujourd'hui sourire, des volumes irréprochables par leur papier, leur format qui tenait la moyenne entre l'in-12 et l'in-8°, par leur titre rouge et noir, mode charmante délaissée depuis le siècle dernier et qui lui dut sa résurrection : il osa remettre en honneur le frontispice et, qui plus est, le frontispice à l'eau-forte dont nul éditeur, depuis Renduel, n'aurait voulu entendre parler. Tony Johannot était mort, Célestin Nanteuil, voué aux titres de romance et à l'illustration courante des romans en livraisons à vingt centimes, ne prenait plus que de loin en loin et pour lui-même la pointe du graveur. A la génération d'écrivains issue de la glorieuse phalange de 1830, mais éprise d'un autre idéal, il fallait des interprètes nouveaux. Malassis les devina, les encouragea, leur donna confiance en eux-mêmes et fit de ces noms obscurs hier des noms bientôt célèbres. Bracquemond grava pour lui sur un dessin de Voillemot le frontispice des *Odes funambulesques* (1857) et composa ceux des *Fleurs du mal* (1) resté alors inédit et des *Tréteaux* de Ch. Monselet. Les *Poésies complètes* de Th. de Banville et celles de Leconte de Lisle sont précédées toutes deux de compositions de Louis Duveau, trop tôt disparu et trop vite oublié : la première encadre le médaillon du poète soutenu par des Amours ; la seconde dresse autour du titre même des *Poésies* de Leconte de Lisle deux figures d'allure assez farouche, véritable eau-forte de peintre, un peu lourde d'exécution, mais d'une saveur plus intense que la plupart de celles des graveurs de métier. De ce nombre encore furent les planches que Champfleury obtint de François Bonvin pour la *Succession Lecamus*, d'Amand Gautier pour *Monsieur de Boisdhyver*, de Cham pour les *Souffrances du professeur Delteil*, d'Edmond Morin pour les *Aventures de Mlle Mariette*, de M. Alphonse Legros pour une édition projetée de ses *Souvenirs des Funambules* et pour le *Malheur d'Henriette Gérard* de Duranty. M. Léopold Flameng avait tracé sur le cuivre pour les *Dessous de Paris* de son ami Delvau un couple de balayeurs échangeant un baiser au milieu d'attributs dont la barrière, l'égout et l'abattoir fournissaient le motif. A défaut d'un frontispice, c'est souvent un portrait qui précède le titre. MM. Bracquemond et Fla-

----

(1) De ce frontispice dont Malassis avait emprunté l'idée première à l'une des figures d'un curieux traité d'obstétrique, *De conceptu et generatione hominis*, de Jacob Ruff *(Francofurti ad Mœnum, 1580, in-4°)*, et qu'il ne put faire agréer à Baudelaire, il ne subsiste que deux épreuves d'essai que M. Bracquemond conserve dans ses cartons. Entre cette composition et celle de M. Félicien Rops pour les *Épaves* du poète (Bruxelles, 1866, in-8°) l'analogie est évidente, et cependant, dans cette inspiration commune, chacun des deux maîtres est resté fidèle à son individualité propre.

meng gravèrent, celui-ci un buste de Baudelaire pour la seconde édition des *Fleurs du mal* (1861), un *Galilée* et une *Virginie de Leyva* pour deux opuscules de Philarète Chasles ; celui-là, la série iconographique destinée à l'*Histoire de soixante ans* d'Hippolyte Castille.

Présentés par un ami à l'éditeur ou liés avec lui de vieille date, durant ses fréquents voyages à Paris, artistes et écrivains devenaient la plupart, pour quelques jours au moins, ses hôtes à Alençon. La tradition de Jean-Zacharie Malassis ne s'était pas perdue : de plantureux repas et de joyeuses parties de plaisir aux environs alternaient avec la correction des épreuves dont Malassis se réservait la revision définitive. « Connaissez-vous la rue aux Cieux, mon cher Monselet ? écrivait Hippolyte Babou (1). C'est une des principales rues d'Alençon. Elle est toute voisine de la Briante aux eaux plates et de la rue du Val-Noble immortalisées par Balzac ; elle n'est pas loin non plus de la place d'Armes où gémissent les presses de l'éditeur Poulet-Malassis. C'est là que je suis venu me reposer un instant du brouhaha de la vie parisienne. Ma chambre coiffée d'ardoises domine de haut la ville entière et son cadre verdoyant. J'ai de ma terrasse une des plus belles perspectives que puissent désirer de bons yeux : d'un côté la chaîne bleuâtre des Cordillères de la Normandie, montagnes de Liliput qui s'élèvent tout juste au-dessus de la plaine comme les rebords d'une immense jatte ; de l'autre, la forêt de Perseigne avec ses masses de verdure où restent enfouis d'aussi beaux paysages que ceux de Fontainebleau. » C'est à ce même volume de Babou que j'emprunterai encore ce joli portrait de Malassis : en le rapprochant de celui qu'a tracé M. de Chennevières, on aura les deux faces de l'*homo duplex* que chacun porte en soi et Malassis autant, sinon plus qu'autre. « En littérature, en art, en philosophie, en science, dans le présent et dans le passé, dans le monde des faits et dans celui de l'imagination, — lui écrivait Babou à propos de l'exposition posthume des œuvres d'Ary Scheffer, — vos goûts de dilettante un peu dédaigneux vous éloignent invinciblement des œuvres accomplies, générales, classiques, incontestables, ces triangles rectangles ou ces carrés parfaits de l'esprit humain. Au *Sublime* régulier où au *Beau* sphérique vous préferez, je crois, une simple divination du *naïf*, ou le premier trait de l'*exquis*.

(1) *Lettres satiriques et critiques* (Poulet-Malassis et de Broise, 1860, in-12).

Un dessin vous plaît mieux qu'une peinture, un croquis ou une ébauche qu'un dessin. Vous adorez les émaux, les majoliques, les faïences, vous chérissez avec passion tout ce que j'appelle l'Art latéral... »

Pendant que Babou s'évertuait à démontrer la supériorité de la littérature pure sur ce qu'il lui plaisait d'appeler les arts latéraux dont, victime d'une infirmité commune à plus d'un homme d'esprit, il ne goûtait guère le charme que par l'oreille, selon le mot de l'un d'eux, Malassis encourageait les hardiesses du pinceau aussi bien que celles de la pointe et de la plume. A M. Carolus Duran, alors inconnu et besogneux, il demanda le portrait de Mme Malassis mère (lithographié par Émile Vernier), resté l'un des meilleurs de la jeunesse du peintre ; à M. Alphonse Legros, dont les débuts furent pour le moins aussi pénibles, il acheta cet *Ex-voto* aujourd'hui revenu au musée de Dijon, ville natale du maître ; de Courbet il acquit le portrait de Baudelaire, moustachu et la pipe à la bouche, penché sur un livre, qu'il céda plus tard à Théophile Silvestre pour la galerie Bruyas, de Montpellier ; il eut des Jongkind, des Manet et des Fantin-Latour quand, à l'exception de cinq ou six délicats, personne n'en achetait. La dispersion de ce petit musée fut, aux heures de l'adversité, l'un de ses plus cruels sacrifices.

S'il s'était contenté toutefois d'acquérir au prix où l'on les payait alors les tableaux et les dessins de ses contemporains, Malassis n'eût point vu fondre si rapidement entre ses mains la petite fortune qu'il tenait de la succession de son père ; mais l'activité qu'il apportait à son métier d'éditeur fut précisément la cause de sa ruine. J'ai sous les yeux l'un de ses derniers catalogues de livres de fonds et je n'y compte pas moins d'une centaine d'ouvrages différents, publiés dans l'espace de quatre ans à peine. La poésie y est représentée par les *Émaux et Camées*, les *Fleurs du mal*, les *Odes funambulesques* et les *Poésies complètes* de Théodore de Banville ; le roman par la *Double Vie* d'Asselineau, les *Esquisses parisiennes* de Banville, les *Païens innocents* d'Hipp. Babou, les *Derniers contes de Jean de Falaise* de M. de Chennevières, les livres de Champfleury, de Duranty, de Weill ; la critique et l'histoire littéraire, par les *Oubliés et les Dédaignés*, les *Tréteaux* et la *Lorgnette littéraire* de Monselet, les *Grandes Figures d'hier et d'aujourd'hui* de Champfleury, les études

de Baudelaire sur *Gautier* et de Gautier sur *Balzac*, les *Lettres satiriques* de Babou, l'*Histoire de la presse* de Hatin, les *Troisièmes
pages du Journal le Siècle* de Taxile Delord, etc. ; le xvii⁰ siècle, par
la réimpression des *Factums* de Furetière, le xviii⁰, par les *Lettres*
du président de Brosses, les *Œuvres inédites* de Piron, les *Philippi-
ques* de Lagrange-Chancel, les *Mémoires* de Lauzun et ceux de
La Motte-Valois, la *Sophie Arnould* de MM. de Goncourt; l'histoire
moderne, par les *Ombres et vieux murs* de Vitu et par la *Défection
de Marmont* de Rapetti; la littérature étrangère par les *Opuscules*
de Swift, traduits par Léon de Wailly, et les *Poètes contemporains
de l'Allemagne* de N. Martin. Et parmi ces livres fêtés par la critique, combien récompensèrent pécuniairement l'éditeur de ses
efforts? Aucun, je le crois bien. Leur heure n'avait pas sonné.
Malassis assista du moins de son vivant, et non sans une amère satis-
faction, à ce retour de la boiteuse justice.

Par une de ces ironies dont le sort est tellement coutumier qu'elles
ne devraient plus nous surprendre, l'audacieux éditeur avait pour
associé le plus pacifique et le plus timoré des hommes, son propre
beau-frère, M. E. de Broise, que sa carrière dans l'enregistrement,
interrompue par cette alliance même, ne préparait guère aux équipées
dont il supporta les conséquences. Quand, sur la plainte d'un noble
exilé polonais, l'annotateur et les libraires des *Mémoires* de Lauzun
furent condamnés à l'amende et à la prison, M. de Broise partagea
dans la maison d'arrêt d'Alençon la détention infligée au véritable
accusé. Parfois c'était le livre seul que l'on incriminait et qu'un arrêt
envoyait au pilon : tel fut le sort des *Fleurs du mal* et de l'*Histoire
de Saint-Just* de M. Ernest Hamel. M. de Broise se lassa de ces mé-
saventures et, tout en gardant l'imprimerie et le journal, revint à des
labeurs plus paisibles.

Malassis, libre désormais de manger à sa guise ce qui lui restait de
l'héritage paternel, passa les ponts et ouvrit à l'extrémité de la rue
Richelieu, près du passage des Princes, une boutique rapidement
célèbre parmi les gens de lettres à qui ce genre de luxe était inconnu
jusqu'ici. Au-dessus des parois lambrissées de chêne sombre, des
ovales ménagés dans l'épaisseur du bois encastraient les portraits des
principaux édités de la maison. La *Revue anecdotique* du 15 janvier
1861 cite ceux de Th. Gautier, Baudelaire, Champfleury, Monselet,

Banville, Babou, Asselineau et les attribue à Bonvin, Souplet, Lafon et Legros. De cette décoration qui serait si précieuse aujourd'hui il ne subsiste, à ma connaissance, que le médaillon de Baudelaire peint par Émile Lafon ; c'est du moins le seul que Malassis eût conservé et j'ignore ce qu'il est devenu depuis sa vente posthume. Au-dessus du comptoir et sur un poêle de faïence polychrome, exécuté par les frères Deck d'après les dessins de Bracquemond, s'enchâssait, dit encore la *Revue anecdotique*, la devise allégorique de la maison. Au caducée, symbole de concorde, succéda promptement et pour cause ce poussin battant des ailes et glissant du perchoir qui timbre les publications de cette dernière période. C'est au passage des Princes que furent publiés les *Poèmes barbares* de Leconte de Lisle, le *Joseph Delorme* de Sainte-Beuve, les *Améthystes* de Th. de Banville, la seconde édition *Du Dandysme et de G. Brummel* de Barbey d'Aurevilly, la *Double conversion* de Daudet, le *Paradis des gens de lettres* d'Asselineau, puis l'*Histoire du tribunal révolutionnaire* de M. Campardon, une série prématurément interrompue de *Mémoires* sur la Révolution, Garat, Dulaure, Louvet, les trois premiers volumes d'une *Bibliothèque singulière* qui devait en comporter une quinzaine ; tous livres notables ou séduisants par leur contenu mais qui, à deux ou trois exceptions près, ne rappelaient en rien la netteté typographique et la sobre élégance des impressions alençonnaises. Conseillé, si je ne m'abuse, par Pierre Jannet, ami de l'auteur, séduit peut-être par la perspective d'un gain dont le besoin se faisait de plus en plus sentir, Malassis entreprit même, sous le titre générique de *Drames de l'Amérique du Nord*, la publication des romans à titres bizarres de M. Émile Chevalier, les *Pieds-Noirs*, les *Nez-Percés*, la *Tête-Plate*, etc. C'était l'heure lointaine de la vogue inexplicable de Gustave Aimard dont les affabulations charmaient une génération pour laquelle Victor Hugo était encore du fruit défendu et Dickens un régal à grand'peine autorisé. La veine exploitée par Gustave Aimard s'épuisa vite, comme de juste, et plus vite encore ses concurrents rentrèrent dans le néant.

Tout en rédigeant, ou du moins en signant, un peu à contre-cœur, j'imagine, le prospectus des *Drames de l'Amérique du Nord*, Malassis rêvait l'exécution de deux volumes qui, s'ils fussent venus à terme, auraient compté parmi les plus beaux spécimens de la typographie moderne. Il voulait envoyer à l'Exposition universelle de Londres

(1862) la traduction de l'*Iliade* et de l'*Odyssée* (alors inédite) de Leconte de Lisle et une troisième édition, revue et augmentée, des *Fleurs du mal,* toutes deux de format in-4°. Pour Homère, dont la décoration devait être surtout empruntée aux vases grecs, le projet n'eut pas de suite et le travail de Leconte de Lisle ne parut que cinq ans plus tard chez Lemerre, tandis que l'ornementation des *Fleurs du mal* fut poussée plus loin. Elle comportait pour chacune des divisions du livre des fleurons et des culs-de-lampe dessinés par Bracquemond et gravés sur bois par Sotain, encadrant des devises latines et des allégories dont l'éditeur pouvait, tout autant que le poète, revendiquer la paternité. Le choix de ces sentences ne laissait pas que d'être laborieux et leur rédaction mettait parfois aux prises les deux humanistes. Baudelaire avait également commencé pour cette édition une préface dont il ne subsiste que des fragments. Quant aux bois de Bracquemond et de Sotain, il en fut tiré en tout deux épreuves, l'une que le premier se réserva et qu'il possède encore (1), l'autre que Malassis sans doute avait donnée à Champfleury et qui fut acquise à sa vente par un amateur américain (2). Où sont les originaux ? M. Bracquemond pense qu'ils existent, mais il en a depuis trente ans perdu la trace.

Durant ce travail stérilisé, comme tant d'autres entreprises, par la malechance, la situation matérielle de Malassis avait définitivement empiré. La loi n'avait pas alors pour les débiteurs insolvables les indulgences de la législation actuelle, et Malassis expia par un assez long séjour aux Madelonnettes son inexpérience notoire des affaires. Au printemps de 1863 il mit la frontière belge entre ses créanciers et ce qu'il avait pu conserver des épaves de son musée intime.

En débarquant à Bruxelles, Malassis retrouva Alfred Delvau à qui appartient l'idée première du *Parnasse satirique du XIXe siècle* dont

---

(1) C'est à l'amitié de M. Bracquemond que nous devons de pouvoir donner en fleurons et en lettres quelques-uns des ornements absolument inédits de cette décoration.

(2) Voir la longue note du n° 11 du catalogue (*Estampes et dessins*) rédigé par M. Léon Sapin et un article de M. Octave Uzanne dans *le Livre moderne* (1891, tome III).

il colligeait depuis longtemps les matériaux avec l'aide de deux amis. Malassis y apporta son contingent et se chargea de surveiller l'exécution typographique, tandis qu'un autre libraire dont les échos du palais de justice connaissaient bien le nom, Jules Gay, assumait les périls et les bénéfices de la vente. A ce magasin d'épigrammes dont le fonds primitif provenait de la petite presse de la Restauration, il fallait une enseigne affriolante et Malassis réussit à l'obtenir d'un artiste alors à peu près inconnu, aujourd'hui classé à son rang légitime, c'est-à-dire des premiers parmi les maîtres. Je sais que M. Félicien Rops renie volontiers ces peccadilles et que, dans un catalogue de son œuvre dressé sous ses yeux, il s'est laissé seulement *attribuer* toute une série de compositions signées, pour un connaisseur, jusque dans les moindres égratignures du cuivre. Ces scrupules, aussi honorables que tardifs, n'empêcheront pas que, par leurs frontispices comme par l'élégance et la correction de leur texte, ces livres désavoués ne soient dignes de la bibliothèque des délicats. Nous avons vu depuis la pornographie se débiter au coin des rues, à toutes les vitrines, à tous les kiosques, pour vingt sous, pour dix sous, pour deux sous : celle-là seule est vraiment dangereuse. Jusqu'alors le livre obscène s'offrait aux yeux avides qui le parcouraient en cachette, sous la forme de quelque affreux in-18 tiré sur un papier poisseux ou spongieux et agrémenté de lithographies pires encore. Malassis, laissant à d'autres *la Belle Cauchoise, Justine, le Portier des Chartreux* et quelques autres classiques du genre, s'ingénia à remettre en lumière de véritables raretés ornées de frontispices et de culs-de-lampe à la fois voluptueux, ironiques et macabres. Le tirage en excédait rarement deux cents exemplaires cotés à des prix fort élevés; les difficultés du passage aux frontières contribuaient encore à rendre cette spéculation bien peu dangereuse pour la morale publique. La plupart étaient accompagnés d'un travail bibliographique dû à la plume de l'éditeur. Quelques-unes de ces notices, telles que les avertissements qui précèdent chaque pièce du *Théâtre de la rue de la Santé,* sont pour l'histoire intime et anecdotique du Tout-Paris lettré de 1860 un précieux document.

Au mois d'avril 1864, Baudelaire vint rejoindre Malassis. Attiré à Bruxelles par l'espoir d'y donner une fructueuse série de ces conférences ou lectures que Dickens avait prodiguées en Amérique et en Angleterre et dont la pratique toute nouvelle en France se heurtait parfois aux tracasseries de la police impériale, Baudelaire n'obtint pas les succès qu'il avait entrevus. Fut-ce, comme le prétendait une note malicieuse de la *Petite Revue*, pour s'être félicité, le soir même de la première conférence, devant un auditoire gourmé, de perdre ce jour-là sa virginité d'orateur, « qui, ajouta-t-il, n'est pas plus regrettable que l'autre » ? Toujours est-il que la tentative en resta là ; mais, par une incroyable contradiction, Baudelaire, qui sentait croître chaque jour son antipathie pour les Belges, s'obstinait à ne point rentrer en France. On trouvera d'ailleurs sur cette phase bizarre, de bien peu antérieure à l'épouvantable torture qui le tua lentement, d'abondants détails dans le livre récent d'Eugène Crépet, ainsi que les fragments du gros livre qu'il méditait contre cette terre d'un exil à la fois odieux et volontaire. Ces fragments ne font guère regretter, à quelques pages près, que ce long et injuste pamphlet soit resté inachevé.

Malassis, « le seul être dont le rire ait allégé sa tristesse en Belgique », ainsi que l'écrivait Baudelaire au bas de sa dernière photographie, s'était efforcé d'atténuer, autant qu'il était en lui, le désastreux effet de ce séjour, et quand l'aphasie se fut déclarée il veilla encore sur le malade jusqu'au jour où par les soins de Mme Aupick, mère du poète, celui-ci fut ramené à Paris. Les lecteurs de la *Petite Revue* avaient été tenus au courant de cette crise et de ses conséquences, car Malassis fournissait à ce recueil une collaboration dont M. de Contades ne s'est pas assez préoccupé. Presque tous ses articles, il est vrai, y sont anonymes ou signés tantôt Emmanuel Rouillon (nom de famille de Mme Malassis mère), tantôt E. R. ; mais chacun d'eux apporte quelque contribution piquante à l'histoire littéraire de cette période.

Malassis occupait, dans le joli faubourg d'Ixelles dont les Parisiens ont appris le nom depuis le séjour et le suicide d'un aventurier fameux, une petite maison où Monselet, Champfleury, Asselineau, Glatigny le vinrent visiter et où il se maria. Durant les beaux jours Malassis passait en sautoir la boîte du botaniste et souvent accompagné de Rops, resté fidèle comme lui à ce goût d'enfance, il allait herboriser aux environs de Namur ou de Spa, ou bien, tant que sa santé de plus en plus précaire le lui permit, il endossait le carnier et fusillait lièvres et perdreaux. A Bruxelles même il n'avait qu'un petit nombre de relations : l'aimable Alfred Stevens, son frère Joseph, le grand animalier à qui Baudelaire dédia l'admirable poème en prose des *Bons chiens*, et quelques peintres, Artan, Louis Dubois, etc. En apparence, on le voit, rien de plus paisible que cette existence ; en réalité Malassis était depuis longtemps noté par la police impériale comme l'un des plus déterminés propagandistes de la haine à l'ordre des choses établi. C'est par lui que furent réimprimés les *Propos de Labienus* de Rogeard et la *Dynastie des La Palisse* de M. Longuet ; c'est à lui encore que l'on dut les seules éditions de luxe parues durant cette période, des *Châtiments* et de *Napoléon le Petit*. Tant de zèle pour la bonne cause devait enfin trouver sa récompense : à la suite d'une saisie opérée à Tourcoing, le tribunal correctionnel de Lille condamna, le 7 mai 1868, Auguste Poulet à un an de prison et 5oo francs d'amende, conjointement avec quatre autres inculpés, et prescrivit l'insertion du jugement au *Moniteur*. Cette dernière clause ne fut exécutée que le 19 septembre suivant ; ce jour-là les abonnés de la feuille officielle durent se frotter les yeux, nettoyer les verres de leurs lunettes et craindre pour l'intégrité de leurs facultés mentales en voyant défiler trois ou quatre colonnes de titres incongrus ou bizarres, accompagnés par surcroît des premiers et des derniers mots de texte de chacun des volumes incriminés. L'Empire faisait ainsi de lui-même aux publications de Malassis et de ses confrères (car beaucoup d'entre elles n'émanaient pas de son officine) une réclame que ne leur procurait pas le *Bulletin trimestriel* adressé à une clientèle nécessairement restreinte ; et, comme d'ordinaire l'absurdité est conséquente avec elle-même, c'est à cette condamnation même que Malassis dut, l'année suivante, de bénéficier de l'amnistie du 15 août 1869. La loi qui frappait de la même peine *le Portier des Chartreux* et *la Justice dans la Révolution et dans l'Église* devait trouver son correctif et l'annulation des ses propres arrêts dans une mesure de clémence également aveugle. Malassis se hâta de profiter de la liberté que l'amnistie lui rendait et put revoir les amis et la maison maternelle dont il était séparé depuis tantôt sept ans.

Frise et lettre ornée, dessinées par BRACQUEMOND, gravées par SOTAIN, pour *les Fleurs du mal*

II

os relations personnelles ne dataient que des derniers jours de 1868. L'envoi d'un renseignement bibliographique, que je me trouvai par fortune à même de procurer à Malassis, me valut un remerciement dont je m'autorisai pour ne pas rester en si bon chemin. Ainsi que je l'ai dit plus haut, je ne me lassais pas plus de le questionner qu'il ne se fatiguait de me répondre. En échange d'une foule de curiosités dont je lui dus la possession, je m'employai à faire pour lui des recherches et des démarches que son éloignement lui interdisait, mais je ne l'avais jamais vu quand le hasard nous mit en présence dans le sombre entresol de la rue des Beaux-Arts, où Paul Daffis avait établi sa librairie. La connaissance ou plutôt la reconnaissance fut promptement faite; mais cette première entrevue fut brève, car Malassis ne passait que quelques heures à Paris et regagnait Bruxelles. Amnistié, mais nullement rallié, Malassis ne pouvait songer à quitter la Belgique qui lui assurait un refuge en cas de nouvelles poursuites et où il lui fallait d'ailleurs liquider un stock assez considérable de marchandises. Ses

apparitions à Paris furent, par suite, courtes et rares jusqu'à l'époque de la déclaration de la guerre. Dès le premier jour, Malassis n'eut aucune illusion sur l'issue de la lutte. *La forfanterie d'une partie de la presse parisienne à cette date, l'état d'esprit analogue de la plupart de nos compatriotes, sa haine contre l'Empire le maintenaient dans une exaspération dont ses lettres témoigneraient au besoin.* La dernière qui me parvint avant l'envahissement était datée du 25 août. La suivante, que je reçus seulement au mois de mars 1871, avait été écrite d'Alençon, le 18 septembre précédent. Elle se terminait ainsi :
« Rops m'a raconté que, la première fois que Baudelaire et lui se rencontrèrent, Baudelaire lui dit en le quittant : « La vie est charmante,
« mais incertaine. Peut-être l'un de nous va-t-il entrer dans l'éternité.
« Avec l'espoir d'une prochaine et heureuse rencontre, permettez-moi
« cependant de vous faire mes éternels adieux. »

« Je suis un peu dans ces sentiments-là présentement. Quand nous verrons-nous ? Nous reverrons-nous ?... »

A sept mois d'intervalle ce postcriptum ironique avait quelque chose de funèbre et j'eus en le lisant le pressentiment que, cette fois encore, Malassis avait vu juste. Il n'en était rien heureusement. Une nouvelle lettre datée de Bruxelles vint bientôt me rassurer. « En arrivant à Alençon, me disait Malassis, j'avais écrit à Laurier pour me mettre à sa disposition. Il m'a répondu qu'on aurait besoin de gens comme moi, *mais pas encore (sic)*. Tout allait de mal en pis ou plutôt rien ne se faisait. Là-dessus je suis revenu de Belgique ; Gambetta n'avait encore pas son grand parti.

« En Belgique j'ai fait réimprimer des brochures contre l'Empire, jusqu'à la fin de novembre. J'en ai fait moi-même la propagande dans le Nord encore fort impérialiste.

« Dans les premiers jours de décembre je tombai malade d'une congestion au poumon gauche dont je ne fais qu'être convalescent. Cela va mieux, mais pas plus qu'il ne faut. »

Malassis, qui était venu, durant la Commune, redemander la santé à l'air natal, rentra définitivement à Paris au mois de juin 1871. Il s'installa d'abord au second étage d'une maison neuve de la rue Mazarine, dans un appartement coquet, mais fort étroit, qu'il abandonna plus tard pour un rez-de-chaussée de cette vieille maison de la rue de Grenelle, à laquelle est adossée la fontaine de Bouchardon et où demeurait Musset quand il écrivit les *Contes d'Espagne et d'Italie*. Deux corps de bibliothèque remplis de livres de choix reliés par Lortic et par Amand, quelques tableaux et dessins de maîtres modernes (entre autres trois études à l'huile de Rops : un extraordinaire *Village flamand* dont les toits rouges émergeaient d'une vaste plaine couverte de neige, un autre paysage et une superbe pochade d'après des blessés rencontrés le lendemain de Sedan); une vieille paysanne en jupon rouge, de Louis Duveau, le portrait de Baudelaire par Lafon, celui de Champfleury (au fusain) par Courbet, des faïences normandes et nivernaises égayaient les murs tendus de ce papier uni que la mode n'avait pas encore adopté et dont les tons rompus se mariaient délicatement à l'or des reliures et des cadres, aux tons verts, rouges, jaunes et bleus des faïences.

Malassis nous arrivait plein de projets dont quelques-uns ne devaient pas sortir des limbes (1). Le livre qu'il projetait pour sa rentrée eut rappelé par son exécution typographique comme par le nom de son auteur, ses éclatants débuts de 1857 : *les Trente-six ballades joyeuses* de Théodore de Banville. Il voulait aussi ressusciter la *Revue anecdotique*, et j'ai retrouvé dans ses papiers les éléments d'un premier numéro resté manuscrit; mais si tout ce qu'il conçut ne prit point alors forme à vie, cette troisième phase de l'existence de Malassis ne fut pas moins active que les deux premières et beaucoup plus honorable que la seconde. Ne pouvant ni ne voulant prendre en son nom un brevet d'éditeur, il déposait chez divers intermédiaires les curiosités dénichées et annotées par lui, ou bien encore, il donnait les mêmes soins aux travaux de ses amis. Sans ce concours discret, Asselineau, très affaibli par les fatigues du premier siège et fort ébranlé par les dangers qu'il avait courus au moment où

(1) Parmi ces projets il en est un qui le préoccupa longtemps et je tiens à dire pourquoi il fut exécuté par d'autres. Depuis longtemps et durant même son séjour en Belgique, Malassis songeait à donner des œuvres de Diderot une édition enfin digne d'elles. Il dut se borner alors à réimprimer sans travail littéraire le texte correct et complet de *la Religieuse* (France et Belgique, 1871, in-12), que recommande aux curieux une très bonne eau-forte de Rajon, d'après le portrait de Garand. Quand, en 1874, la librairie Garnier résolut de tenter l'entreprise, Malassis abandonna généreusement à Assézat le dossier des notes par lui recueillies, et lorsque celui-ci succomba littéralement sous le faix de la tâche qu'il voulait mener trop vite, ce fut encore Malassis qui présenta aux éditeurs un continuateur auquel il aurait pu en tout état de cause se substituer légitimement.

les fédérés disputaient la barricade de la rue du Four aux troupes de
Versailles, Asselineau n'aurait pas vu paraître la seconde édition de
sa *Bibliographie romantique* (1872) à laquelle Malassis avait joint, un
peu arbitrairement, un frontispice de Bracquemond destiné d'abord au
Passant de Coppée (1), ni la réimpression de sa notice sur *André Boulle*.
A défaut de sa généreuse initiative, un débutant parfaitement inconnu n'aurait jamais eu le plaisir de voir ses bibliographies de Mérimée et de Gautier imprimées par M. Claude Motteroz, car, s'il
n'usait plus que de loin en loin des presses de l'ancienne maison paternelle, Malassis avait trouvé à Paris un artiste digne de le compren-
dre et dont le nom ne saurait être séparé du sien. Fidèle à sa devise :
« Tu penses, j'œuvre », M. Motteroz donna à presque toutes les publications personnelles de Malassis à cette date la parure qui leur con-
venait; on en trouvera l'énumération, soit en tête du tirage de luxe
du catalogue de la vente posthume, soit dans la première notice bibliographique de M. de Contades, et je ne la reproduirai pas ici; mais
il serait injuste de ne point dire un mot des trois principales d'entre
elles, la luxueuse plaquette des *Ex-libris français*, le manifeste en
l'honneur de M. Alphonse Legros et la *Correspondance de Mme de
Pompadour.*

L'étude sur les *Ex-libris français* obtint un succès auquel le scep-
ticisme trop justifié de Malassis ne pouvait croire : en moins de
quinze jours elle fut épuisée, et la seconde édition, très améliorée et
augmentée, ne fut pas moins bien accueillie. Lorsque après une longue abstention, M. Legros, venu de France pour peindre aux frais

(1) Malassis avait sur la corrélation d'un frontispice et du volume qu'il an-
nonce des théories fort larges ; on en jugera par ce passage d'une lettre où il
répondait à je ne sais quelle critique par moi formulée au sujet de la planche dessinée et gravée par Rops, pour la réimpression du *Gaspard de la nuit* de Louis
Bertrand : « Vous avez peut-être un peu raison sur l'eau-forte de Rops, pour
Gaspard, mais pas tant que vous croyez. Il l'a conçue sur le titre, quoiqu'il ait
lu partie du livre et il en avait bien le droit. C'est une opinion peut-être par trop
littéraire que de demander à un frontispice d'être la condensation dessinée du
livre. Trop d'esprit français. Voyez les frontispices de Romeyn de Hooghe,
l'homme parmi les anciens qui s'est le mieux tiré de cette besogne difficile. Ils
sont à côté du livre et n'en sont pas moins suffisants. Par exemple, qu'est-ce
que son frontispice du Pétrone *cum notis variorum ?* Le soleil se levant pour
éclairer les péchés capitaux à l'œuvre : ce serait le frontispice de beaucoup de
livres autant que de Pétrone. Rubens aussi concevait ses frontispices de cette
façon sommaire : aller plus loin, c'est sortir des arts de la gravure et du
dessin. »

de sir Charles Dilke un portrait de Gambetta, consentit à envoyer trois tableaux au Salon de 1875, Malassis crut le moment opportun pour rappeler au public qu'après Millet, Corot et Barye, disparus à quelques mois d'intervalle, la liste de nos grands artistes n'était pas close et il exprima hautement sur M. Legros l'opinion qu'il avait de tout temps professée. Elle ne fut guère du goût de la critique, ni de bon nombre des confrères du peintre, mais tôt ou tard se vérifiera qu'en ceci, comme sur bien d'autres points, Malassis avait devancé le jugement de ses contemporains.

La *Correspondance de Mme de Pompadour*, dédiée, comme c'était justice, à M. Alfred Morrisson dont la splendide collection d'autographes lui avait fourni le principal élément et l'idée même de son livre, est assurément l'un des plus parfaits spécimens de son savoir-faire typographique, car, depuis le portrait jusqu'au cul-de-lampe final, il n'est pas un ornement qui ne soit congruant au principal personnage et le texte évoluait à l'aise en beaux caractères et entre de belles marges. Néanmoins le fiasco fut aussi complet qu'inexplicable. M. de Chennevières a dit ici même comment, au reçu d'une lettre « touchante et fière » de Malassis, il s'efforça d'obtenir de MM. Bardoux et de Watteville une souscription pour ce beau livre et comment les quelques centaines de francs arrachés à grand'peine ne parvinrent qu'à la veuve du pauvre éditeur.

Depuis plusieurs années la santé de celui-ci allait empirant. En dépit des soins que lui prodiguait Mme Malassis, elle-même alors fort souffrante, et de la science de l'excellent docteur Piogey, l'un de ses poumons était perdu et l'autre menaçait de refuser le service ; souvent aussi la goutte se mettait de la partie. Les cruelles nécessités de la vie quotidienne et les terribles arriérés qu'il achevait de solder le retenaient à Paris plus souvent qu'il n'eût fallu pour obéir aux prescriptions du docteur ; mais dès que survenait une accalmie, vite, en route, tantôt pour la Touraine chez l'ami Christophe, tantôt et plus volontiers encore, pour un coin perdu des « Alpes mancelles », le tout petit village de Saint-Céneri-le-Géré, à trois lieues d'Alençon, dont les verdures, l'air salubre et le silence apportaient à sa poitrine haletante, à ses muscles endoloris, à ses nerfs surexcités leur puissant réconfort.

Voici l'extrait d'une lettre du 18 juin 1874, écrite au retour d'une halte chez Ernest Christophe qui possédait près de Loches un petit bien patrimonial appelé *la Cigogne*. « J'aurais voulu m'arrêter à Tours, à Orléans, mais je me contenterai de rester à Blois deux jours en rentrant, d'après les conseils motivés de mon ministre des finances. En revanche, j'ai vu Loches et Poitiers que je ne comptais pas visiter. Cette dernière ville m'a moins charmé par ses vieilles églises romanes et son aspect clérical que par sa promenade de Blossac, le long de la vallée du Clain, la plus belle que j'aie vue nulle part. J'y ai passé une soirée délicieuse, dans le plus parfait contentement de vivre.

« Mon voyage se passe aussi agréablement que possible, par un temps superbe coupé d'orages salutaires, avec force courses botaniques et géologiques mêlées de pêches diverses dans les bassins d'une mer tertiaire et de charmants retours à une table abondante et délicate. Christophe, qui ne boit pas de vin, a au moins un fond de cave paternelle très distingué, où j'ai même retrouvé, en furetant, deux bouteilles de vieux Schraz, bien que vendangé à une époque postérieure au poète Haffiz : c'est de l'encens liquide. »

La maison que Malassis avait louée la même année à Saint-Céneri pour deux ou trois mois était des plus modestes, mais on y vivait à bon compte, grâce aux écrevisses et aux truites pêchées aux barrages de la Sarthe et du Sarthon, et au gibier rabattu des forêts voisines. Je fus convié deux fois à partager pour quelques jours cette vie délicieusement végétative et je garde de ces heures déjà si lointaines un souvenir que n'ont effacé ni d'autres voyages, ni d'autres amitiés.

« Nous sommes en effet installés, mon cher ami, m'écrivait Malassis de Saint-Céneri, le 4 juillet 1875, non pas aussi bien que l'année dernière, mais la maison est la même, si le mobilier a moins bonne apparence, et nous jouissons de trois lits assez durs. Vous pourrez en occuper un au détriment de vos côtes si vous venez après le départ de M. Legros que nous attendons. Dans le cas contraire vous trouverez à coucher dans l'une des deux auberges du village. Nous sommes ici sur le granit, c'est-à-dire, avec certitude, sans punaises : c'est, comme on dit en Belgique, un « apaisement. »

...« Vous n'imaginez pas comme ce pays est beau et frais en ce moment. Les derniers quinze jours de pluie n'y ont pas nui, cela a perdu les foins, mais je m'en moque, car les verdures sont admirables et je me pâme d'aise devant les floraisons aquatiques. La rivière coule à pleins bords : vous verrez que c'est toute autre chose que l'année dernière. »

Au second voyage je fus précédé par M. Alphonse Legros qui, avant de regagner Londres, vint passer une quinzaine à Saint-Céneri ; c'est là qu'il peignit un excellent portrait en buste de Malassis, conservé par sa veuve et laissa de forts beaux crayons d'après ses hôtes. L'un deux me fut offert par le modèle et c'est celui-là même que M. François Courboin a si habilement gravé pour accompagner la présente étude (1). Ce crayon rend à merveille l'expression de Malassis en ces jours de détente, d'apaisement et d'illusions sur ses forces où, les pieds solidement chaussés, le chapeau de paille abritant le front et la nuque, le bâton ferré à la main, il s'essayait à retrouver, avec les souvenirs qu'éveillait en lui chaque sentier, chaque lande, chaque bouquet de bois, sa vigueur d'antan, ou bien encore, lorsqu'assis sur un tronc d'arbre au soleil couchant, nous regardions les gars du pays plongeant, la journée finie, leur nudité robuste au plus profond du confluent des deux rivières ; et toujours aussi, à contempler ce portrait, me revient à l'esprit cette stance de Malherbe : *Aux ombres de Damon,* la plus belle peut-être qu'il ait écrite et que Malassis me semble encore marteler de sa voix vibrante :

> L'Orne, comme autrefois, nous reverroit encore,
> Ravis de ces pensers que le public ignore,
> Égarer à l'écart nos pas et nos discours,
> Et, couchés sur les fleurs, comme étoiles semées,
> Rendre en si doux ébats les heures consumées,
> Que les soleils nous seroient courts.

Hélas ! l'Orne ne nous reverra plus !

(1) Il existe ou il a existé une charge de Malassis, peinte par Félicien Rops au début de leur liaison et qui le représentait cornu, et griffu, comme un diable. Outre le très beau portrait exécuté à Saint-Céneri par M. Legros, le même artiste avait gravé, vers 1861, une pointe-sèche tirée à douze épreuves dont quelques-unes portent cette maxime tracée en partie à rebours sur le cuivre : *Il faut toujours garder sa gravité avec les sots.* Deux photographies plus récentes de Nadar ont servi, l'une à M. Bracquemond pour le portrait placé en tête du catalogue posthume, l'autre à M. Gaujean pour une planche accompagnant dans *le Livre* l'étude de M. de Contades.

Les deux années qui suivirent furent des plus laborieuses ; on put voir Malassis tour à tour restituer à Diderot un pamphlet jusqu'alors attribué à d'Holbach et ce d'après un recueil de pièces sur la querelle des Bouffons formé et annoté par Jean-Jacques, dresser la première bibliographie raisonnée des éditions originales de Marivaux, l'un des pourchas de sa jeunesse, et grouper pour la première fois aussi des pages de Rivarol négligées jusqu'alors par tous ses éditeurs. « Il y a bien du dilettantisme littéraire, écrivait-il, dans notre préoccupation de la gloire de ce Rivarol, conseiller *in extremis* de la royauté, il n'y a même que cela. » Il se retrouvait davantage et dans une délicate parité de langue, de goût et d'idées avec Georges Le Roy traçant de Louis XV et de Mme de Pompadour deux portraits que la recommandation de Sainte-Beuve n'avait pas suffi à sauver d'un oubli immérité, ou avec Pidansat de Mairobert notant, bien avant le reportage et l'interview, les propos qui se tenaient le 1er janvier 1777 chez la marquise Du Deffand. La rencontre d'un éditeur en qui Malassis retrouvait à certains égards un émule, nourri comme lui de substantielles études classiques, et l'esprit aux aguets de la curiosité vraiment digne de ce nom, le fit rétrograder un moment vers les deux siècles précédents : dans la collection Liseux qui aura quelque jour, elle aussi, ses poursuivants, on distinguera toujours sa réimpression des *Epîtres amoureuses* d'Aristénète tournées de grec en français par ce mystérieux Cyre Foucault, sieur de La Coudrière, du *Point de lendemain* de Denon, orné, comme dans le texte original du *Journal des Dames*, de fleurons qui en accentuent la signification, de la *Vie de M. de Molière* de ce pauvre Grimarest, si maltraité de ceux-là même qui se sont le plus servis de lui et pour qui les moliéristes, qui devraient saluer en lui un ancêtre, ne se sont guère mis en frais, car on ne sait presque rien de sa propre existence ; enfin des quatre ou cinq écrits, sans plus, où, à défaut de ce que Racine et Boileau savaient sur Molière et de ce qu'ils auraient pu nous dire, il nous faut aller chercher ce que ses contemporains ont su et pensé de lui. Mis en goût par ces investigations, Malassis exhuma pour son propre compte des *Lettres* de Mme Desjardins de Villedieu une relation de la « farce » des *Précieuses*, double hommage rendu à Molière et à une compatriote de l'éditeur. Entre temps et pour ne pas mentir à ce pseudonyme d'*Insignis nebulo* que lui avait fourni le P. Porée qualifiant ainsi Voltaire, il empruntait au *Théâtre de la rue de la Santé* la plus innocente de ses facéties : *la Grande symphonie héroïque des punaises*, et tout aussitôt dressait, avec l'aide de Thibaudeau, le catalogue d'un œuvre austère entre tous, celui des eaux-fortes et des lithographies de M. Alphonse Legros.

Un moment conjuré par le docteur Piogey, le mal devenait chaque jour plus menaçant et vers la fin de 1877 les accidents sanguins se succédaient avec une rapidité effrayante, affaiblissant chaque jour ce corps miné que soutenait seule une incroyable énergie. Qu'on lise plutôt ce stoïque et douloureux billet :

> « 20 *novembre* 1877.
>
> « Mon cher Tourneux,
>
> « Il semble que je doive remettre mon départ à une autre fois, sans cependant que cela soit bien sûr. La conversation ou même la rupture du silence me fatigue beaucoup, aussi me garde-t-on à vue pour me maintenir dans le *silence du mausolée* comme s'il m'était acquis.
>
> « On m'instruit régulièrement de vos visites, croyez-le.
>
> « Gardez ce mot. Si je décède, contre mon attente, vous le joindrez à un exemplaire des Lettres de Mme de Pompadour avec quelque bonne observation : « Il avait gardé sa liberté d'esprit et écrivait en-« core d'une main ferme ». Toutes sortes de chances et bien à vous.
>
> « A.-P. MALASSIS.
>
> « Ecriture de malade qui perd la vue, effet des opiums, digitalines et autres drogues. »

L'écriture de ce billet est au contraire, comme il m'invitait à le constater, très nette et très appuyée, mais par une singulière et fort inutile précaution, il avait ajouté son adresse à sa signature. Ainsi qu'il arrive parfois, un mieux soudain précéda la crise suprême et Malassis me l'annonçait en ces termes (28 novembre 1877) : « Je suis désormais visible à l'œil nu et sans éclipse probable. Je vous l'écris pour vous en informer, car vous avez mille autres choses à faire qu'à me venir voir. [J'étais à la veille de me marier.] Croyez que je prends part à ce qui vous arrive d'heureux et remettez votre visite à d'autres temps. D'ailleurs je ne suis pas prêt à quitter la chambre, il s'en faut... »

Le 11 février 1878, après une agonie que veilla son voisin et ami M. Alfred Prunaire, Malassis s'endormit pour ne plus s'éveiller. Par son testament écrit quelques jours auparavant, il avait demandé des obsèques civiles, et son désir fut exaucé. Cinquante ou soixante amis suivirent jusqu'au cimetière d'Ivry son modeste convoi. Dans la presse, si l'on en excepte un feuilleton de Banville au *National*, quelques lignes de Monselet dans l'*Evénement*, un entrefilet anonyme de *la République française*, rien ne mérite d'être cité.

L'actif de la succession ne comportait que la bibliothèque et les estampes. Malassis s'était déjà défait à l'amiable de l'œuvre de Rops, mais il lui restait de fort belles épreuves de Bracquemond, de Legros et de quelques autres modernes. Pendant qu'elles étaient vendues à Londres, par les soins de Thibaudeau, le catalogue des livres s'élaborait à Paris. M. de Broise avait spontanément offert ses presses pour son impression gratuite et nous n'avions eu garde de refuser, mais sa bonne grâce n'alla pas jusqu'à nous fournir une deuxième épreuve et beaucoup des corrections indiquées sur la première restèrent non avenues. Tel quel, et malgré ses imperfections, ce catalogue mérite d'être recherché et le fut d'ailleurs dès son apparition. Burty avait accepté de rédiger sur des notes fournies par M. de La Sicotière une courte notice biographique destinée aux soixante exemplaires (plus deux exemplaires sur chine) d'un tirage supplémentaire et j'y ajoutai, avec la liste des prix de vente, une nomenclature des travaux personnels de Malassis. Imprimée dans des conditions aussi défectueuses que le catalogue lui-même, cette bibliographie laisse fort à désirer et je ne peux la mentionner guère ici que sous forme de *mea culpa*.

La bibliothèque de notre ami ne comprenait pas, tant s'en faut, tout ce qu'il avait possédé. D'abord, et comme on l'a vu plus haut, il ne subsistait rien de la collection de classiques français, puis, sous la pression de la nécessité, des déplacements ou de l'occasion, bien d'autres raretés n'avaient figuré qu'un moment sur ses rayons. Mais il n'avait jamais consenti à se dessaisir, même daas les conjonctures les plus pressantes, de certains livres auxquels il attachait avec raison une valeur que vinrent confirmer les enchères de sa vente posthume. C'était tout d'abord un certain nombre d'exemplaires que l'on pouvait considérer comme uniques par les additions dont il les avait

enrichis, soit en inscrivant sur les gardes de piquantes réflexions ou
de curieuses anecdotes, soit en y joignant des autographes de haut
goût. Les *Fleurs du mal* dont, au lendemain de la mort du poète,
Malassis avait refusé cent francs, se vendirent alors 225 francs : deux
lettres de l'auteur, le fac-similé de la dédicace motivée à Théophile
Gautier, supprimée à la demande même de celui-ci, « parce qu'une
dédicace ne doit pas être une profession de foi », diverses variantes
manuscrites et quatre pages de particularités piquantes sur Baudelaire, justifiaient ce prix qui, très certainement, serait dépassé aujour-
d'hui. Au même ordre de curiosités appartenaient un splendide
exemplaire des *Odes funambulesques* (vendu 219 fr.), et *les Pauvres
saltimbanques* de ce même Banville provenant de sa bibliothèque
même et offert à Malassis dans des circonstances que celui-ci avait
relatées, de même que sur les feuillets liminaires du premier volume
des *Portraits intimes du XVIII⁰ siècle* de MM. de Goncourt, se
pouvait lire le récit de la première entrevue avec les deux frères dans
cet appartement de la rue Saint-Georges où s'écoulèrent les heures
les plus fécondes de leur intime collaboration. J'ignore en quelles
mains avaient passé, du vivant de Malassis, les *Amœnitates belgicœ*
de Baudelaire qui, primitivement tirées à dix exemplaires (s. l. n. d.
[Bruxelles], 1866, in-8° couronne, 36 pp.), furent toutes mises au
pilon, sauf un exemplaire sur peau de vélin; mais parmi les *unica* dus
aux mêmes causes, je trouve encore à citer la *Philosophie de l'Ameu-
blement* d'Edgar Poë, imprimée à 25 exemplaires, à Alençon, en
1853, et détruite à la requête du traducteur, Charles Baudelaire, qui
ne souffrait pas plus volontiers l'intromission d'un *e* après le *B*, ini-
tiale de son nom, que Gautier ne pouvait s'accoutumer à voir ortho-
graphier le sien par un *h*, comme cela arrive d'ailleurs encore jour-
nellement, et les *Satires jacobites de Marie-Victor Hugo* que Malassis
avait extraites, en 1874, du *Conservateur littéraire* à cent exemplaires, mais que l'imprimeur n'osa pas tirer au dernier moment.
Quand, à la requête du parquet impérial, l'*Histoire de Saint-Just* de
M. Ernest Hamel fut mise au pilon, et quand, par mesure de pru-
dence, le livre de M. Francis Lacombe, *la France et l'Allemagne*,
eut le même sort, Malassis s'en réserva l'un des deux exemplaires
sur papier fort. Pour n'être pas uniques, l'élégie de Jules Barbey,
dédiée à Casimir Delavigne, *Aux héros des Thermopyles* (Paris,

1825, in-8°) et le *Livre d'amour* de Sainte-Beuve n'en tenaient pas moins leur rang parmi ces curiosités.

Malassis avait aussi gardé de chacun des principaux livres publiés par lui l'un des rares exemplaires (quatre ou cinq, dix au plus) sur papier de choix que l'on imprimait en sus du tirage régulier et que se partageaient l'auteur, l'éditeur et quelques amis, car jamais alors la pensée ne serait venue au libraire de faire de ce régal de délicat un objet de spéculation comme nous l'avons vu depuis, ce qui, d'ailleurs, n'eût pas alors trouvé de débouchés. De la plupart des correspondances littéraires échangées avec ses amis et de leurs réponses, ou de quelques autres documents du même ordre, il avait formé des plaquettes ou des volumes qu'Amand revêtait d'élégants cartonnages. Les derniers mots tracés par Balzac mourant au bas d'un billet écrit par sa femme à Théophile Gautier, les moyens de défense proposés par Flaubert à Baudelaire lors du procès des *Fleurs du mal*, le désaveu formel par Gautier des *Juvenilia* reproduites par le *Parnasse satirique* et que toute une génération savait par cœur, ne furent pas disputés avec moins de chaleur que les manuscrits inédits et les papiers de Baudelaire, les correspondances de Glatigny, de Champfleury, de Monselet (celle-ci parsemée de croquis naïfs), de Sainte-Beuve.

Enfin, on avait distrait de la vente des estampes les dessins et les peintures qui, par leur nature même, pouvaient former la naturelle décoration du cabinet des plus difficiles. Les deux portraits de Gautier, l'un peint et l'autre dessiné par lui-même en 1831, ceux de Baudelaire par Lafon, de Champfleury par Courbet, d'Asselineau par Guichard, trouvèrent aisément preneurs, comme les charges de Baudelaire d'après Alexandre Weill, ou d'Asselineau d'après Sainte-Beuve, comme les originaux des frontispices de Voillemot pour les *Odes funambulesques* et de M. Carolus Duran pour le *Salon intime* de M. Zacharie Astruc.

Dans le petit nombre de dossiers que j'avais réservés ne figurait aucun travail en état d'être publié, mais j'en avais extrait les copies de quelques lettres d'écrivains de ce temps, communiquées depuis à l'*Intermédiaire*, des notes de la main de Malassis ou de celle de Delvau, prises en vue du *Parnasse satirique* et tout au moins fort indiscrètes, un dossier relatif à la maladie et à la succession de Baudelaire dont j'ai donné connaissance à M. Crépet, enfin quelques anecdotes et pensées que les lecteurs de l'*Artiste* auront bientôt sous les yeux. Elles achèveront, je l'espère, de montrer sous son véritable jour l'esprit d'un homme qu'un bien petit nombre d'amis put apprécier à sa véritable valeur, car il sembla prendre à tâche de donner le change à l'opinion sur son propre compte et, de tout temps, se distingua de Panurge, comme il le disait lui-même, par un goût immodéré du risque.

Marque d'éditeur de Poulet-Malassis

TYPOGRAPHIE

EDMOND MONNOYER

LE MANS (Sarthe)